TRANZLATY
El idioma es para todos
语言属于每个人

La Bella y la Bestia

美女与野兽

Gabrielle-Suzanne Barbot de Villeneuve

Español / 普通话

Copyright © 2025 Tranzlaty
All rights reserved
Published by Tranzlaty
ISBN: 978-1-80572-072-0
Original text by Gabrielle-Suzanne Barbot de Villeneuve
La Belle et la Bête
First published in French in 1740
Taken from The Blue Fairy Book (Andrew Lang)
Illustration by Walter Crane
www.tranzlaty.com

Había una vez un rico comerciante
从前有一个富商人
Este rico comerciante tuvo seis hijos.
这位富商有六个孩子
Tenía tres hijos y tres hijas.
他有三个儿子和三个女儿
No escatimó en gastos para su educación
他不惜一切代价来教育他们
Porque era un hombre sensato
因为他是一个有理智的人
pero dio a sus hijos muchos siervos
但他给了他的孩子很多仆人
Sus hijas eran extremadamente bonitas
他的女儿们非常漂亮
Y su hija menor era especialmente bonita.
他的小女儿特别漂亮
Desde niña ya admiraban su belleza
小时候她的美貌就受到人们的赞赏
y la gente la llamaba por su belleza
人们以她的美貌称呼她
Su belleza no se desvaneció a medida que envejecía.
她的美丽并没有随着年龄的增长而消退
Así que la gente seguía llamándola por su belleza.
所以人们一直用她的美貌来称呼她
Esto puso muy celosas a sus hermanas.
这让她的姐妹们非常嫉妒
Las dos hijas mayores tenían mucho orgullo.
两个大女儿非常自豪
Su riqueza era la fuente de su orgullo.
他们的财富是他们骄傲的源泉
y tampoco ocultaron su orgullo
他们也不掩饰自己的骄傲
No visitaron a las hijas de otros comerciantes.
他们没有拜访其他商人的女儿

Porque sólo se encuentran con la aristocracia.
因为他们只与贵族会面
Salían todos los días a fiestas.
他们每天都出去参加聚会
bailes, obras de teatro, conciertos, etc.
舞会、戏剧、音乐会等
y se rieron de su hermana menor
他们嘲笑他们最小的妹妹
Porque pasaba la mayor parte del tiempo leyendo
因为她大部分时间都在读书
Era bien sabido que eran ricos
众所周知他们很富有
Así que varios comerciantes eminentes pidieron su mano.
于是有几位知名商人向他们求助
pero dijeron que no se iban a casar
但他们说他们不会结婚
Pero estaban dispuestos a hacer algunas excepciones.
但他们准备做出一些例外
"Quizás podría casarme con un duque"
"也许我可以嫁给一位公爵"
"Supongo que podría casarme con un conde"
"我想我可以嫁给一位伯爵"
Bella agradeció muy civilizadamente a quienes le propusieron matrimonio.
美女很有礼貌地感谢那些向她求婚的人
Ella les dijo que todavía era demasiado joven para casarse.
她告诉他们她还太年轻，不适合结婚
Ella quería quedarse unos años más con su padre.
她想和父亲多呆几年
De repente el comerciante perdió su fortuna.
商人一下子失去了他的财富
Lo perdió todo excepto una pequeña casa de campo.
除了一栋乡间小别墅外，他失去了一切
Y con lágrimas en los ojos les dijo a sus hijos:

他热泪盈眶地告诉他的孩子们：
"Tenemos que ir al campo"
"我们必须去乡下"
"y debemos trabajar para vivir"
"我们必须工作才能生存"
Las dos hijas mayores no querían abandonar el pueblo.
两个大女儿不想离开小镇
Tenían varios amantes en la ciudad.
他们在城里有几个情人
y estaban seguros de que uno de sus amantes se casaría con ellos
她们确信她们的情人中一定会有一个娶她们为妻
Pensaban que sus amantes se casarían con ellos incluso sin fortuna.
她们认为即使自己没有财产，爱人也会娶她们为妻
Pero las buenas damas estaban equivocadas.
但这些好心的女士们错了
Sus amantes los abandonaron muy rápidamente
他们的爱人很快就抛弃了他们
porque ya no tenían fortuna
因为他们再也没有财富了
Esto demostró que en realidad no eran muy queridos.
这表明他们实际上并不受欢迎
Todos dijeron que no merecían compasión.
大家都说他们不值得同情
"Nos alegra ver su orgullo humillado"
"我们很高兴看到他们的骄傲被贬低了"
"Que se sientan orgullosos de ordeñar vacas"
"让他们为挤牛奶而感到自豪"
Pero estaban preocupados por Bella.
但他们关心的是美丽
Ella era una criatura tan dulce
她真是一个可爱的人
Ella hablaba tan amablemente a la gente pobre.

她对穷人说话很亲切
Y ella era de una naturaleza tan inocente.
她天性如此纯真
Varios caballeros se habrían casado con ella.
很多绅士都会娶她
Se habrían casado con ella aunque fuera pobre
尽管她很穷,他们也会娶她
pero ella les dijo que no podía casarlos
但她告诉他们她不能嫁给他们
porque ella no dejaría a su padre
因为她不愿离开她的父亲
Ella estaba decidida a ir con él al campo.
她决心和他一起去乡下
para que ella pudiera consolarlo y ayudarlo
以便她能安慰和帮助他
La pobre belleza estaba muy triste al principio.
可怜的美女一开始很伤心
Ella estaba afligida por la pérdida de su fortuna.
她因失去财产而悲痛
"Pero llorar no cambiará mi suerte"
"但哭泣不会改变我的命运"
"Debo intentar ser feliz sin riquezas"
"即使没有财富,我也必须努力让自己快乐"
Llegaron a su casa de campo
他们来到了乡间别墅
y el comerciante y sus tres hijos se dedicaron a la agricultura
商人和他的三个儿子致力于农业
Bella se levantó a las cuatro de la mañana.
美丽在凌晨四点升起
y se apresuró a limpiar la casa
她赶紧打扫房子
y se aseguró de que la cena estuviera lista
她确保晚餐准备好了
Al principio encontró su nueva vida muy difícil.

一开始她发现新生活非常困难
porque no estaba acostumbrada a ese tipo de trabajo
因为她还不习惯这样的工作
Pero en menos de dos meses se hizo más fuerte.
但不到两个月她就变得更强壮了
Y ella estaba más sana que nunca.
她比以前更健康了
Después de haber hecho su trabajo, leyó
做完作业后她读了
Ella tocaba el clavicémbalo
她弹奏大键琴
o cantaba mientras hilaba seda
或者她一边唱歌一边纺丝
Por el contrario, sus dos hermanas no sabían cómo pasar el tiempo.
相反，她的两个姐姐不知道如何打发时间
Se levantaron a las diez y no hicieron nada más que holgazanear todo el día.
他们十点起床，整天无所事事，只是懒散地度过
Lamentaron la pérdida de sus hermosas ropas.
他们为失去漂亮的衣服而感到悲痛
y se quejaron de perder a sus conocidos
他们抱怨失去熟人
"Mirad a nuestra hermana menor", se dijeron.
他们互相说道："看看我们最小的妹妹。"
"¡Qué criatura tan pobre y estúpida es!"
"她真是一个可怜又愚蠢的人"
"Es mezquino contentarse con tan poco"
"满足于如此之少是卑鄙的"
El amable comerciante tenía una opinión muy diferente.
这位好心的商人却持不同意见
Él sabía muy bien que Bella eclipsaba a sus hermanas.
他很清楚，她的美丽胜过她的姐妹们
Ella los eclipsó tanto en carácter como en mente.

她的性格和思想都比他们出色
Él admiraba su humildad y su arduo trabajo.
他钦佩她的谦逊和勤奋
Pero sobre todo admiraba su paciencia.
但他最钦佩的是她的耐心
Sus hermanas le dejaron todo el trabajo por hacer.
她的姐姐们把所有的工作都留给了她
y la insultaban a cada momento
他们时刻侮辱她
La familia había vivido así durante aproximadamente un año.
这家人这样生活了大约一年
Entonces el comerciante recibió una carta de un contable.
然后商人收到一封会计师的信
Tenía una inversión en un barco.
他投资了一艘船
y el barco había llegado sano y salvo
船已安全抵达
Esta noticia hizo que las dos hijas mayores se volvieran locas.
这消息让两个大女儿大吃一惊
Inmediatamente tuvieron esperanzas de regresar a la ciudad.
他们立刻有了返回城镇的希望
Porque estaban bastante cansados de la vida en el campo.
因为他们已经厌倦了乡村生活
Fueron a ver a su padre cuando él se iba.
父亲正要离开时，他们去了他那里
Le rogaron que les comprara ropa nueva
他们求他给他们买新衣服
Vestidos, cintas y todo tipo de cositas.
裙子、丝带和各种小东西
Pero Bella no pedía nada.
但美丽却不求回报
Porque pensó que el dinero no sería suficiente.

因为她认为钱不够
No habría suficiente para comprar todo lo que sus hermanas querían.
没有足够的钱来购买她姐妹们想要的所有东西

- ¿Qué te gustaría, Bella? -preguntó su padre.
"美女,你想要什么?" 父亲问。

"Gracias, padre, por la bondad de pensar en mí", dijo.
"谢谢爸爸,谢谢你对我的关心。" 她说

"Padre, ten la amabilidad de traerme una rosa"
"爸爸,请送我一朵玫瑰花吧"

"Porque aquí en el jardín no crecen rosas"
"因为花园里没有玫瑰"

"y las rosas son una especie de rareza"
"玫瑰是一种珍品"

A Bella realmente no le importaban las rosas
美女并不在乎玫瑰

Ella solo pidió algo para no condenar a sus hermanas.
她只是要求不要谴责她的姐妹们

Pero sus hermanas pensaron que ella pidió rosas por otros motivos.
但她的姐妹们认为她要玫瑰花是出于其他原因

"Lo hizo sólo para parecer especial"
"她这么做只是为了显得特别"

El hombre amable continuó su viaje.
这位善良的男子继续他的旅程

pero cuando llego discutieron sobre la mercancia
但当他到达时,他们就商品发生争执

Y después de muchos problemas volvió tan pobre como antes.
经过一番折腾,他又回来了,和以前一样穷困潦倒

Estaba a un par de horas de su propia casa.
他离家只有几个小时的车程

y ya imaginaba la alegría de ver a sus hijos
他已经想象到看到孩子们的喜悦

pero al pasar por el bosque se perdió
但当他穿过森林时他迷路了

Llovió y nevó terriblemente
雨雪交加

El viento era tan fuerte que lo arrojó del caballo.
风太大了,把他从马上吹下来

Y la noche se acercaba rápidamente
夜幕很快降临

Empezó a pensar que podría morir de hambre.
他开始担心自己可能会饿死

y pensó que podría morir congelado
他觉得自己可能会被冻死

y pensó que los lobos podrían comérselo
他认为狼可能会吃掉他

Los lobos que oía aullar a su alrededor
他听到周围狼嚎叫

Pero de repente vio una luz.
但突然间他看到了一道光

Vio la luz a lo lejos entre los árboles.
他透过树木看见远处的光

Cuando se acercó vio que la luz era un palacio.
当他走近时,他发现光是一座宫殿

El palacio estaba iluminado de arriba a abajo.
宫殿从上到下都灯火通明

El comerciante agradeció a Dios por su suerte.
商人感谢上帝给了他好运

y se apresuró a ir al palacio
他赶紧去了宫殿

Pero se sorprendió al no ver gente en el palacio.
但他惊讶地发现宫殿里没有人

El patio estaba completamente vacío.
院子里空无一人

y no había señales de vida en ninguna parte
任何地方都没有生命迹象

Su caballo lo siguió hasta el palacio.
他的马跟着他进了宫殿
y luego su caballo encontró un gran establo
然后他的马找到了一个大马厩
El pobre animal estaba casi muerto de hambre.
这只可怜的动物几乎饿死了
Entonces su caballo fue a buscar heno y avena.
于是他的马就去找干草和燕麦
Afortunadamente encontró mucho para comer.
幸运的是他找到了很多吃的
y el mercader ató su caballo al pesebre
商人把马拴在马槽边
Caminando hacia la casa no vio a nadie.
走向房子时他没有看到任何人
Pero en un gran salón encontró un buen fuego.
但在大厅里他发现了一堆好火
y encontró una mesa puesta para uno
他找到一张单人桌
Estaba mojado por la lluvia y la nieve.
他被雨雪淋湿了
Entonces se acercó al fuego para secarse.
于是他走到火边烤干身体
"Espero que el dueño de la casa me disculpe"
"希望主人能原谅我"
"Supongo que no tardará mucho en aparecer alguien"
"我想很快就会有人出现了。"
Esperó un tiempo considerable
他等了相当长一段时间
Esperó hasta que dieron las once y todavía no venía nadie.
他一直等到十一点，还是没人来
Al final tenía tanta hambre que no podía esperar más.
最后他饿得再也等不及了
Tomó un poco de pollo y se lo comió en dos bocados.
他拿了一些鸡肉，两口就吃了下去

Estaba temblando mientras comía la comida.
他吃东西的时候浑身发抖

Después de esto bebió unas copas de vino.
之后他喝了几杯酒

Cada vez más valiente, salió del salón.
他鼓起勇气走出了大厅

y atravesó varios grandes salones
他穿过了几个大厅

Caminó por el palacio hasta llegar a una cámara.
他穿过宫殿，来到一个房间

Una habitación que tenía una cama muy buena.
房间里有一张非常舒适的床

Estaba muy fatigado por su terrible experiencia.
他因这场磨难而疲惫不堪

Y ya era pasada la medianoche
当时已经过了午夜

Entonces decidió que era mejor cerrar la puerta.
所以他决定最好关上门

y concluyó que debía irse a la cama
他决定去睡觉了

Eran las diez de la mañana cuando el comerciante se despertó.
商人醒来时是早上十点

Justo cuando iba a levantarse vio algo
正当他要起身时，他看见了一些东西

Se sorprendió al ver un conjunto de ropa limpia.
他惊讶地看到一套干净的衣服

En el lugar donde había dejado su ropa sucia.
在他放脏衣服的地方

"Seguramente este palacio pertenece a algún tipo de hada"
"这座宫殿肯定是属于某位善良的仙女的"

" Un hada que me ha visto y se ha compadecido de mí"
"一位仙女看见了我并可怜我"

Miró por una ventana

他透过窗户往里看
Pero en lugar de nieve vio el jardín más delicioso.
但他看到的不是雪,而是最美丽的花园
Y en el jardín estaban las rosas más hermosas.
花园里有最美丽的玫瑰
Luego regresó al gran salón.
然后他回到了大厅
El salón donde había tomado sopa la noche anterior.
他前一天晚上喝汤的大厅
y encontró un poco de chocolate en una mesita
他在小桌子上发现了一些巧克力
"Gracias, buena señora hada", dijo en voz alta.
"谢谢您,好仙女,"他大声说道。
"Gracias por ser tan cariñoso"
"谢谢你这么关心"
"Le estoy sumamente agradecido por todos sus favores"
"我非常感谢你的帮助"
El hombre amable bebió su chocolate.
这位好心人喝了他的巧克力
y luego fue a buscar su caballo
然后他去找他的马
Pero en el jardín recordó la petición de Bella.
但在花园里他想起了美女的请求
y cortó una rama de rosas
他砍下一枝玫瑰
Inmediatamente oyó un gran ruido
他立刻听到了巨大的响声
y vio una bestia terriblemente espantosa
他看到了一只非常可怕的野兽
Estaba tan asustado que estaba a punto de desmayarse.
他吓得快晕过去了
-Eres muy desagradecido -le dijo la bestia.
"你太不知感恩了,"野兽对他说
Y la bestia habló con voz terrible

野兽用可怕的声音说话
"Te he salvado la vida al permitirte entrar en mi castillo"
"我让你进入我的城堡,救了你的命"

"¿Y a cambio me robas mis rosas?"
"而你就为了这个偷走了我的玫瑰花?"

"Las rosas que valoro más que nada"
"我最珍视的玫瑰"

"Pero morirás por lo que has hecho"
"但你会因你所做的事而死"

"Sólo te doy un cuarto de hora para que te prepares"
"我只给你一刻钟的时间准备"

"Prepárate para la muerte y di tus oraciones"
"做好死亡的准备并祈祷"

El comerciante cayó de rodillas
商人跪倒在地

y alzó ambas manos
他举起双手

"Mi señor, le ruego que me perdone"
"大人,请您原谅我"

"No tuve intención de ofenderte"
"我无意冒犯你"

"Recogí una rosa para una de mis hijas"
"我为我的一个女儿采了一朵玫瑰"

"Ella me pidió que le trajera una rosa"
"她让我给她带一朵玫瑰"

-No soy tu señor, pero soy una bestia -respondió el monstruo.
"我不是你的主人,我是一头野兽。"怪物回答道

"No me gustan los cumplidos"
"我不喜欢赞美"

"Me gusta la gente que habla como piensa"
"我喜欢说话直率的人"

"No creas que me puedo conmover con halagos"
"别以为我能被奉承打动"

"Pero dices que tienes hijas"
"但你说你有女儿"

"Te perdonaré con una condición"
"我原谅你，但有一个条件"

"Una de tus hijas debe venir voluntariamente a mi palacio"
"你的一个女儿必须自愿来到我的宫殿"

"y ella debe sufrir por ti"
"她必须为你受苦"

"Déjame tener tu palabra"
"请允许我向你保证"

"Y luego podrás continuar con tus asuntos"
"然后你就可以去做你的事了"

"Prométeme esto:"
"答应我："

"Si tu hija se niega a morir por ti, deberás regresar dentro de tres meses"
"如果你的女儿不肯为你而死，你必须在三个月内回来"

El comerciante no tenía intenciones de sacrificar a sus hijas.
商人无意牺牲自己的女儿

Pero, como le habían dado tiempo, quiso volver a ver a sus hijas.
但既然有时间，他想再见见女儿们

Así que prometió que volvería.
所以他答应他会回来

Y la bestia le dijo que podía partir cuando quisiera.
野兽告诉他，他可以随时出发

y la bestia le dijo una cosa más
野兽又告诉他一件事

"No te irás con las manos vacías"
"你不会空手而归"

"Vuelve a la habitación donde yacías"
"回到你躺着的房间去"

"Verás un gran cofre del tesoro vacío"

"你会看到一个巨大的空宝箱"

"Llena el cofre del tesoro con lo que más te guste"
"用你最喜欢的东西填满宝箱"

"y enviaré el cofre del tesoro a tu casa"
"我会把宝箱送到你家"

Y al mismo tiempo la bestia se retiró.
与此同时,野兽撤退了

"Bueno", se dijo el buen hombre.
"好吧," 好人自言自语道。

"Si tengo que morir, al menos dejaré algo a mis hijos"
"如果我必须死,我至少会给我的孩子留下一些东西"

Así que regresó al dormitorio.
于是他回到卧室

y encontró una gran cantidad de piezas de oro
他发现了许多金币

Llenó el cofre del tesoro que la bestia había mencionado.
他装满了野兽提到的宝箱

y sacó su caballo del establo
他把马从马厩里牵出来

La alegría que sintió al entrar al palacio ahora era igual al dolor que sintió al salir de él.
他进入宫殿时的喜悦现在等于离开宫殿时的悲伤

El caballo tomó uno de los caminos del bosque.
马走上了森林的一条路

Y en pocas horas el buen hombre estaba en casa.
几个小时后,这位好心人就回家了

Sus hijos vinieron a él
他的孩子们来到他身边

Pero en lugar de recibir sus abrazos con placer, los miró.
但他并没有高兴地接受他们的拥抱,而是看着他们

Levantó la rama que tenía en sus manos.
他举起手中的树枝

y luego estalló en lágrimas

然后他泪流满面

"Belleza", dijo, "por favor toma estas rosas".
"美女，"他说，"请收下这些玫瑰"

"No puedes saber lo costosas que han sido estas rosas"
"你不知道这些玫瑰有多贵"

"Estas rosas le han costado la vida a tu padre"
"这些玫瑰害死了你父亲"

Y luego contó su fatal aventura.
然后他讲述了他的致命冒险

Inmediatamente las dos hermanas mayores gritaron.
两个姐姐立刻叫了起来

y le dijeron muchas cosas malas a su hermosa hermana
他们对他们美丽的妹妹说了很多刻薄的话

Pero Bella no lloró en absoluto.
但美女一点都没哭

"Mirad el orgullo de ese pequeño desgraciado", dijeron.
"看看这个小家伙的骄傲，"他们说

"ella no pidió ropa fina"
"她并不要求穿华丽的衣服"

"Ella debería haber hecho lo que hicimos"
"她应该像我们一样"

"ella quería distinguirse"
"她想让自己与众不同"

"Así que ahora ella será la muerte de nuestro padre"
"所以现在她将成为我们父亲的死敌"

"Y aún así no derrama ni una lágrima"
"但她却没有流一滴泪"

"¿Por qué debería llorar?" respondió Bella
美女回答："我为什么要哭？"

"Llorar sería muy innecesario"
"哭泣是没有必要的"

"mi padre no sufrirá por mí"
"我父亲不会为我受苦"

"El monstruo aceptará a una de sus hijas"

"怪物会接受他的一个女儿"
"Me ofreceré a toda su furia"
"我将献出自己,承受他所有的愤怒"
"Estoy muy feliz, porque mi muerte salvará la vida de mi padre"
"我很高兴,因为我的死将挽救我父亲的生命"
"mi muerte será una prueba de mi amor"
"我的死将证明我的爱"
-No, hermana -dijeron sus tres hermanos.
三个哥哥都说:"不,姐姐。"
"Eso no será"
"那不可能"
"Iremos a buscar al monstruo"
"我们去找怪物"
"y o lo matamos..."
"要么我们就杀了他……"
"...o pereceremos en el intento"
"...否则我们将在尝试中灭亡"
"No imaginéis tal cosa, hijos míos", dijo el mercader.
"别想这些,我的孩子,"商人说。
"El poder de la bestia es tan grande que no tengo esperanzas de que puedas vencerlo"
"这头野兽的力量太强大了,我不认为你能战胜他"
"Estoy encantado con la amable y generosa oferta de Bella"
"我被美女的善良和慷慨所吸引"
"pero no puedo aceptar su generosidad"
"但我不能接受她的慷慨"
"Soy viejo y no me queda mucho tiempo de vida"
"我老了,活不了多久了"
"Así que sólo puedo perder unos pocos años"
"所以我只能损失几年"
"Tiempo que lamento por vosotros, mis queridos hijos"
"我为你们感到遗憾的时刻,我亲爱的孩子们"
"Pero padre", dijo Bella

美女说:"可是爸爸。"
"No irás al palacio sin mí"
"没有我陪同,你不能去宫殿"
"No puedes impedir que te siga"
"你不能阻止我跟随你"
Nada podría convencer a Bella de lo contrario.
没有什么能够改变美丽
Ella insistió en ir al bello palacio.
她坚持要去那座美丽的宫殿
y sus hermanas estaban encantadas con su insistencia
她的姐妹们对她的坚持感到高兴
El comerciante estaba preocupado ante la idea de perder a su hija.
商人担心会失去女儿
Estaba tan preocupado que se había olvidado del cofre lleno de oro.
他太担心了,忘记了装满金子的箱子
Por la noche se retiró a descansar y cerró la puerta de su habitación.
晚上他休息,关上房门。
Entonces, para su gran asombro, encontró el tesoro junto a su cama.
然后,令他大为惊讶的是,他在床边发现了宝藏
Estaba decidido a no contárselo a sus hijos.
他决心不告诉他的孩子
Si lo supieran, hubieran querido regresar al pueblo.
如果他们知道的话,他们就会想回到城里
y estaba decidido a no abandonar el campo
他决心不离开乡村
Pero él confió a Bella el secreto.
但他相信美丽能带来秘密
Ella le informó que dos caballeros habían llegado.
她告诉他有两位先生来了
y le hicieron propuestas a sus hermanas

他们向她的姐妹们求婚

Ella le rogó a su padre que consintiera su matrimonio.
她恳求父亲同意他们的婚事

y ella le pidió que les diera algo de su fortuna
她要求他给他们一些财产

Ella ya los había perdonado.
她已经原谅他们了

Las malvadas criaturas se frotaron los ojos con cebollas.
邪恶的生物用洋葱揉眼睛

Para forzar algunas lágrimas cuando se separaron de su hermana.
在与姐姐告别时强颜欢笑

Pero sus hermanos realmente estaban preocupados.
但她的兄弟们确实很担心

Bella fue la única que no derramó ninguna lágrima.
美女是唯一一个没有流泪的人

Ella no quería aumentar su malestar.
她不想增加他们的不安

El caballo tomó el camino directo al palacio.
马直接走路去宫殿

y hacia la tarde vieron el palacio iluminado
傍晚时分,他们看到了灯火通明的宫殿

El caballo volvió a entrar solo en el establo.
马又回到了马厩

Y el buen hombre y su hija entraron en el gran salón.
好心人和他的女儿走进大厅

Aquí encontraron una mesa espléndidamente servida.
他们在这里找到了一张精心准备的桌子

El comerciante no tenía apetito para comer
商人没有胃口吃饭

Pero Bella se esforzó por parecer alegre.
但美丽却努力表现出快乐

Ella se sentó a la mesa y ayudó a su padre.
她坐在桌边,帮助父亲

Pero también pensó para sí misma:
但她心里也在想：

"La bestia seguramente quiere engordarme antes de comerme"
"野兽肯定想先把我养肥再吃掉我"

"Por eso ofrece tanto entretenimiento"
"这就是为什么他提供如此丰富的娱乐"

Después de haber comido oyeron un gran ruido.
吃完饭后，他们听到了巨大的响声

Y el comerciante se despidió de su desdichado hijo con lágrimas en los ojos.
商人含着泪水向不幸的孩子告别。

Porque sabía que la bestia venía
因为他知道野兽即将来临

Bella estaba aterrorizada por su horrible forma.
美女被他可怕的外表吓坏了

Pero ella tomó coraje lo mejor que pudo.
但她鼓起勇气

Y el monstruo le preguntó si venía voluntariamente.
怪物问她是否愿意来

-Sí, he venido voluntariamente -dijo temblando.
"是的，我自愿来的，"她颤抖着说

La bestia respondió: "Eres muy bueno"
野兽回答说："你很厉害。"

"Y te lo agradezco mucho, hombre honesto"
"我非常感谢你，你是一个诚实的人。"

"Continuad vuestro camino mañana por la mañana"
"明天早上走吧"

"Pero nunca pienses en venir aquí otra vez"
"但永远不要再想来这里"

"Adiós bella, adiós bestia", respondió.
"再见，美女，再见，野兽。"他回答道

Y de inmediato el monstruo se retiró.
怪物立刻撤退了

"Oh, hija", dijo el comerciante.
"哦,女儿,"商人说。

y abrazó a su hija una vez más
他再次拥抱了女儿

"Estoy casi muerto de miedo"
"我快被吓死了"

"Créeme, será mejor que regreses"
"相信我,你最好回去"

"déjame quedarme aquí, en tu lugar"
"让我代替你留在这里"

—No, padre —dijo Bella con tono decidido.
美女坚决地说:"不,爸爸。"

"Partirás mañana por la mañana"
"你明天早上就出发"

"déjame al cuidado y protección de la providencia"
"让我接受上帝的照顾和保护"

Aún así se fueron a la cama
尽管如此他们还是去睡觉了

Pensaron que no cerrarían los ojos en toda la noche.
他们以为自己一整晚都不会合眼

pero justo cuando se acostaron se durmieron
但当他们躺下时他们就睡着了

Bella soñó que una bella dama se acercó y le dijo:
美女梦见一位美丽的女士来到她面前,对她说:

"Estoy contento, bella, con tu buena voluntad"
"我很满足,美女,有你的善意"

"Esta buena acción tuya no quedará sin recompensa"
"你的善举不会得不到回报"

Bella se despertó y le contó a su padre su sueño.
美女醒来后告诉父亲她的梦

El sueño ayudó a consolarlo un poco.
这个梦让他稍感安慰

Pero no pudo evitar llorar amargamente mientras se marchaba.

但他临走时还是忍不住痛哭流涕
Tan pronto como se fue, Bella se sentó en el gran salón y lloró también.
他一走，美女就坐在大厅里哭了
Pero ella decidió no sentirse inquieta.
但她决心不感到不安
Ella decidió ser fuerte por el poco tiempo que le quedaba de vida.
她决定在生命所剩无几的时间里保持坚强
Porque creía firmemente que la bestia la comería.
因为她坚信野兽会吃掉她
Sin embargo, pensó que también podría explorar el palacio.
然而，她认为她最好去探索宫殿
y ella quería ver el hermoso castillo
她想看看美丽的城堡
Un castillo que no pudo evitar admirar.
一座令她情不自禁赞叹的城堡
Era un palacio deliciosamente agradable.
这是一座令人愉悦的宫殿
y ella se sorprendió muchísimo al ver una puerta
她非常惊讶地看到一扇门
Y sobre la puerta estaba escrito que era su habitación.
门上写着这是她的房间
Ella abrió la puerta apresuradamente
她急忙打开了门
y ella quedó completamente deslumbrada con la magnificencia de la habitación.
她被房间的华丽所震撼
Lo que más le llamó la atención fue una gran biblioteca.
最吸引她注意的是一座大图书馆
Un clavicémbalo y varios libros de música.
一架大键琴和几本乐谱
"Bueno", se dijo a sí misma.
"好吧，"她自言自语道。

"Veo que la bestia no dejará que mi tiempo cuelgue pesadamente"
"我知道野兽不会让我的时间过得那么沉重"
Entonces reflexionó sobre su situación.
然后她反思了自己的处境
"Si me hubiera quedado un día, todo esto no estaría aquí"
"如果我只留下一天，这一切都不会发生"
Esta consideración le inspiró nuevo coraje.
这种考虑激发了她新的勇气
y tomó un libro de su nueva biblioteca
她从新图书馆里拿了一本书
y leyó estas palabras en letras doradas:
她读到了金色大字：
"Bienvenida Bella, destierra el miedo"
"欢迎美丽，驱逐恐惧"
"Eres reina y señora aquí"
"你是这里的女王和女主人"
"Di tus deseos, di tu voluntad"
"说出你的愿望，说出你的意愿"
"Aquí la obediencia rápida cumple tus deseos"
"快速服从在这里满足了你的愿望"
"¡Ay!", dijo ella con un suspiro.
"唉，" 她叹了一口气说。
"Lo que más deseo es ver a mi pobre padre"
"我最想见到的是我可怜的父亲"
"y me gustaría saber qué está haciendo"
"我想知道他在做什么"
Tan pronto como dijo esto se dio cuenta del espejo.
她刚说完这句话，就注意到了镜子
Para su gran asombro, vio su propia casa en el espejo.
令她惊讶的是，她在镜子里看到了自己的家
Su padre llegó emocionalmente agotado.
她父亲回来时已经精疲力尽
Sus hermanas fueron a recibirlo

她的姐妹们去见他
A pesar de sus intentos de parecer tristes, su alegría era visible.
尽管他们试图表现出悲伤,但他们的喜悦是显而易见的
Un momento después todo desapareció
片刻之后一切都消失了
Y las aprensiones de Bella también desaparecieron.
美丽的忧虑也消失了
porque sabía que podía confiar en la bestia
因为她知道她可以相信野兽
Al mediodía encontró la cena lista.
中午时她发现晚饭已经做好了
Ella se sentó a la mesa
她坐在桌边
y se entretuvo con un concierto de música
她欣赏了一场音乐会
Aunque no podía ver a nadie
尽管她没看见任何人
Por la noche se sentó a cenar otra vez
晚上她又坐下来吃晚饭
Esta vez escuchó el ruido que hizo la bestia.
这次她听到了野兽发出的声音
y ella no pudo evitar estar aterrorizada
她不禁感到害怕
"belleza", dijo el monstruo
"美女,"怪物说
"¿Me permites comer contigo?"
"你允许我跟你一起吃饭吗?"
"Haz lo que quieras", respondió Bella temblando.
"随你便吧。" 美女颤抖着回答
"No", respondió la bestia.
"不," 野兽回答道
"Sólo tú eres la señora aquí"

"你才是这里的主人"

"Puedes despedirme si soy problemático"
"如果我惹麻烦的话你可以把我打发走"

"Despídeme y me retiraré inmediatamente"
"送我走，我马上撤退"

-Pero dime, ¿no te parece que soy muy fea?
"但是，告诉我；你不觉得我很丑吗？"

"Eso es verdad", dijo Bella.
美女道："那倒是。"

"No puedo decir una mentira"
"我不能撒谎"

"Pero creo que tienes muy buen carácter"
"但我相信你心地很好"

"Sí, lo soy", dijo el monstruo.
"我确实是，"怪物说。

"Pero aparte de mi fealdad, tampoco tengo sentido"
"但我除了丑之外，也没有智慧。"

"Sé muy bien que soy una criatura tonta"
"我很清楚我是一个愚蠢的生物"

—No es ninguna locura pensar así —replicó Bella.
"这样想并不愚蠢，"美女回答道

"Come entonces, bella", dijo el monstruo.
"那就吃吧，美女。"怪物说

"Intenta divertirte en tu palacio"
"在宫殿里尽情玩乐吧"

"Todo aquí es tuyo"
"这里的一切都是你的"

"Y me sentiría muy incómodo si no fueras feliz"
"如果你不开心，我会很不安"

-Eres muy servicial -respondió Bella.
"你真好心，"美女回答道

"Admito que estoy complacido con su amabilidad"
"我承认我对你的善意感到高兴"

"Y cuando considero tu bondad, apenas noto tus

deformidades"
"当我想到你的善良时,我几乎没注意到你的缺陷"

"Sí, sí", dijo la bestia, "mi corazón es bueno".
"是的,是的,"野兽说,"我的心是善良的

"Pero aunque soy bueno, sigo siendo un monstruo"
"尽管我很善良,但我依然是个怪物"

"Hay muchos hombres que merecen ese nombre más que tú"
"有很多男人比你更配得上这个名字"

"Y te prefiero tal como eres"
"我更喜欢你本来的样子"

"y te prefiero más que a aquellos que esconden un corazón ingrato"
"我更喜欢你,而不是那些心怀不轨的人"

"Si tuviera algo de sentido común", respondió la bestia.
"要是我还有点理智就好了。"野兽回答道

"Si tuviera sentido común, te haría un buen cumplido para agradecerte"
"如果我有理智,我会用赞美来感谢你"

"Pero soy tan aburrida"
"但我很无聊"

"Sólo puedo decir que le estoy muy agradecido"
"我只能说我非常感谢你"

Bella comió una cena abundante
美女吃了一顿丰盛的晚餐

y ella casi había superado su miedo al monstruo
她几乎已经克服了对怪物的恐惧

Pero ella quería desmayarse cuando la bestia le hizo la siguiente pregunta.
但当野兽问她下一个问题时,她想晕过去

"Belleza, ¿quieres ser mi esposa?"
"美女,你愿意做我的老婆吗?"

Ella tardó un tiempo antes de poder responder.
她过了一会儿才回答

Porque tenía miedo de hacerlo enojar

因为她害怕惹他生气
Al final, sin embargo, dijo: "No, bestia".
但最后她说"不,野兽"
Inmediatamente el pobre monstruo silbó muy espantosamente.
这可怜的怪物立刻发出可怕的嘶嘶声
y todo el palacio hizo eco
整个宫殿回响着
Pero Bella pronto se recuperó de su susto.
但美女很快就从恐惧中恢复过来
porque la bestia volvió a hablar con voz triste
因为野兽又用悲伤的声音说话了
"Entonces adiós, belleza"
"那么再见了,美女"
y sólo se volvía de vez en cuando
他只是偶尔回头
mirarla mientras salía
在他出去的时候看着她
Ahora Bella estaba sola otra vez
现在美丽又孤单了
Ella sintió mucha compasión
她感到十分同情
"Ay, es una lástima"
"唉,真是可惜啊"
"algo tan bueno no debería ser tan feo"
"如此善良的事物不应该如此丑陋"
Bella pasó tres meses muy contenta en palacio.
美女在宫中过得很满足
Todas las noches la bestia le hacía una visita.
每天晚上,野兽都会来拜访她
y hablaron durante la cena
他们在晚餐时聊天
Hablaban con sentido común
他们说话有常识

Pero no hablaban con lo que la gente llama ingenio.
但他们说话并不像人们所说的那样机智

Bella siempre descubre algún carácter valioso en la bestia.
美女总能发现野兽身上的某些宝贵品质

y ella se había acostumbrado a su deformidad
她已经习惯了他的畸形

Ella ya no temía el momento de su visita.
她不再害怕他的到来

Ahora a menudo miraba su reloj.
现在她经常看手表

y ella no podía esperar a que fueran las nueve en punto
她迫不及待地等着九点

Porque la bestia nunca dejaba de venir a esa hora
因为野兽从不会错过那个时刻

Sólo había una cosa que preocupaba a Bella.
只有一件事与美丽有关

Todas las noches antes de irse a dormir la bestia le hacía la misma pregunta.
每天晚上睡觉前，野兽都会问她同样的问题

El monstruo le preguntó si sería su esposa.
怪物问她是否愿意成为他的妻子

Un día ella le dijo: "bestia, me pones muy nerviosa"
有一天她对他说："野兽，你让我很不安"

"Me gustaría poder consentir en casarme contigo"
"我希望我能同意嫁给你"

"Pero soy demasiado sincero para hacerte creer que me casaría contigo"
"但我太真诚了，让你相信我会娶你"

"nuestro matrimonio nunca se realizará"
"我们的婚姻永远不会实现"

"Siempre te veré como un amigo"
"我会永远把你视为朋友"

"Por favor, trate de estar satisfecho con esto"
"请尽量对此感到满意"

"Debo estar satisfecho con esto", dijo la bestia.
"我必须对此感到满意，"野兽说

"Conozco mi propia desgracia"
"我知道我自己的不幸"

"pero te amo con el más tierno cariño"
"但我以最温柔的感情爱你"

"Sin embargo, debo considerarme feliz"
"但我应该认为自己很幸福"

"Y me alegraría que te quedaras aquí"
"我很高兴你能留在这里"

"Prométeme que nunca me dejarás"
"答应我永远不要离开我"

Bella se sonrojó ante estas palabras.
美女听了这些话脸红了

Un día Bella se estaba mirando en el espejo.
有一天，美女看着镜子里的自己

Su padre se había preocupado muchísimo por ella.
她的父亲为她操心

Ella anhelaba verlo de nuevo más que nunca.
她比以往任何时候都渴望再次见到他

"Podría prometerte que nunca te abandonaré por completo"
"我可以保证永远不会离开你"

"Pero tengo un deseo tan grande de ver a mi padre"
"但我非常想见到我的父亲"

"Me molestaría muchísimo si dijeras que no"
"如果你拒绝我，我会非常难过"

"Preferiría morir yo mismo", dijo el monstruo.
"我宁愿自己去死。"怪物说

"Prefiero morir antes que hacerte sentir incómodo"
"我宁愿死，也不愿让你感到不安"

"Te enviaré con tu padre"
"我会送你去见你父亲"

"permanecerás con él"
"你应该和他在一起"

"y esta desafortunada bestia morirá de pena en su lugar"
"而这只不幸的野兽将会悲伤地死去"

"No", dijo Bella, llorando.
美女哭着说:"不。"

"Te amo demasiado para ser la causa de tu muerte"
"我太爱你了,所以不能成为你的死因"

"Te doy mi promesa de regresar en una semana"
"我保证一周后回来"

"Me has demostrado que mis hermanas están casadas"
"你告诉我我的姐姐们都结婚了"

"y mis hermanos se han ido al ejército"
"我的兄弟们都去参军了"

"déjame quedarme una semana con mi padre, ya que está solo"
"让我和我父亲待一个星期,因为他一个人。"

"Estarás allí mañana por la mañana", dijo la bestia.
"明天早上你就得去那里。"野兽说

"pero recuerda tu promesa"
"但要记住你的承诺"

"Solo tienes que dejar tu anillo sobre una mesa antes de irte a dormir"
"你只需要在睡觉前把戒指放在桌子上"

"Y luego serás traído de regreso antes de la mañana"
"然后你会在早晨之前被带回来"

"Adiós querida belleza", suspiró la bestia.
"再见了,亲爱的美人。"野兽叹息道

Bella se fue a la cama muy triste esa noche.
美女那天晚上很伤心地睡觉了

Porque no quería ver a la bestia tan preocupada.
因为她不想看到野兽如此担心

A la mañana siguiente se encontró en la casa de su padre.
第二天早上,她来到了父亲的家

Ella hizo sonar una campanita junto a su cama.
她按响了床边的一个小铃铛

y la criada dio un grito fuerte
女仆尖叫起来
y su padre corrió escaleras arriba
她爸爸跑上楼
Él pensó que iba a morir de alegría.
他以为自己会高兴地死去
La sostuvo en sus brazos durante un cuarto de hora.
他把她抱在怀里足足一刻钟
Finalmente los primeros saludos terminaron.
终于，第一声问候结束了
Bella empezó a pensar en levantarse de la cama.
美女开始想起床
pero se dio cuenta de que no había traído ropa
但她意识到自己没带衣服
pero la criada le dijo que había encontrado una caja
但女仆告诉她，她发现了一个盒子
El gran baúl estaba lleno de vestidos y batas.
大箱子里装满了礼服和连衣裙
Cada vestido estaba cubierto de oro y diamantes.
每件礼服都镶满了黄金和钻石
Bella agradeció a la Bestia por su amable atención.
美女感谢野兽的善意照顾
y tomó uno de los vestidos más sencillos
她选了一件最朴素的衣服
Ella tenía la intención de regalar los otros vestidos a sus hermanas.
她打算把其他的衣服送给她的姐妹们
Pero ante ese pensamiento el arcón de ropa desapareció.
但一想到这里，衣服箱就消失了
La bestia había insistido en que la ropa era solo para ella.
野兽坚称这些衣服只适合她
Su padre le dijo que ese era el caso.
她父亲告诉她情况就是这样
Y enseguida volvió el baúl de la ropa.

衣服箱子立刻又回来了
Bella se vistió con su ropa nueva
美女穿上新衣服
Y mientras tanto las doncellas fueron a buscar a sus hermanas.
与此同时,女仆们去找她的姐妹们
Ambas hermanas estaban con sus maridos.
她的两个姐姐和她们的丈夫在一起
Pero sus dos hermanas estaban muy infelices.
但她的两个姐妹都很不开心
Su hermana mayor se había casado con un caballero muy guapo.
她大姐嫁给了一位非常英俊的绅士
Pero estaba tan enamorado de sí mismo que descuidó a su esposa.
但他太自私了,忽视了妻子
Su segunda hermana se había casado con un hombre ingenioso.
她的二姐嫁给了一个机智的男人
Pero usó su ingenio para atormentar a la gente.
但他用他的机智来折磨人
Y atormentaba a su esposa sobre todo.
他最折磨的是他的妻子
Las hermanas de Bella la vieron vestida como una princesa
美女的姐妹们看到她穿得像个公主
y se enfermaron de envidia
他们嫉妒得要死
Ahora estaba más bella que nunca
现在她比以前更美丽了
Su comportamiento cariñoso no pudo sofocar sus celos.
她的亲热行为无法抑制他们的嫉妒
Ella les contó lo feliz que estaba con la bestia.
她告诉他们她和这头野兽在一起有多开心
y sus celos estaban a punto de estallar

他们的嫉妒心即将爆发

Bajaron al jardín a llorar su desgracia.
他们走进花园,哭诉他们的不幸遭遇

"¿En qué sentido esta pequeña criatura es mejor que nosotros?"
"这个小动物在哪些方面比我们优秀呢?"

"¿Por qué debería estar mucho más feliz?"
"为什么她应该这么高兴?"

"Hermana", dijo la hermana mayor.
"姐姐," 姐姐说

"Un pensamiento acaba de golpear mi mente"
"我突然想到了一个主意"

"Intentemos mantenerla aquí más de una semana"
"我们试着让她在这里待一个多星期"

"Quizás esto enfurezca al tonto monstruo"
"也许这会激怒这个愚蠢的怪物"

"porque ella hubiera faltado a su palabra"
"因为她会食言"

"y entonces podría devorarla"
"然后他可能会吞噬她"

"Esa es una gran idea", respondió la otra hermana.
"这是个好主意," 另一个姐妹回答道

"Debemos mostrarle la mayor amabilidad posible"
"我们必须尽可能地向她表示善意"

Las hermanas tomaron esta resolución
姐妹们下定决心

y se comportaron con mucho cariño con su hermana
他们对待姐妹非常亲热

La pobre belleza lloró de alegría por toda su bondad.
可怜的美人因他们的善意而喜极而泣

Cuando la semana se cumplió, lloraron y se arrancaron el pelo.
一周结束后,他们哭了,扯着头发

Parecían muy apenados por separarse de ella.

他们似乎很舍不得和她分开
y Bella prometió quedarse una semana más
美女答应再呆一周
Mientras tanto, Bella no pudo evitar reflexionar sobre sí misma.
与此同时，美女不禁反思自己
Ella se preocupaba por lo que le estaba haciendo a la pobre bestia.
她担心自己对可怜的动物做了什么
Ella sabía que lo amaba sinceramente.
她知道她真心爱他
Y ella realmente anhelaba verlo otra vez.
她真的很想再次见到他
La décima noche también la pasó en casa de su padre.
第十天晚上，她在父亲家也
Ella soñó que estaba en el jardín del palacio.
她梦见自己在宫殿花园里
y soñó que veía a la bestia extendida sobre la hierba
她梦见那头野兽躺在草地上
Parecía reprocharle con voz moribunda
他似乎在用垂死的声音责备她
y la acusó de ingratitud
他指责她忘恩负义
Bella se despertó de su sueño.
美女从睡梦中醒来
y ella estalló en lágrimas
她泪流满面
"¿No soy muy malvado?"
"我是不是太坏了？"
"¿No fue cruel de mi parte actuar tan cruelmente con la bestia?"
"我对这头野兽如此不友善，难道不是很残忍吗？"
"La bestia hizo todo lo posible para complacerme"
"野兽为取悦我做了一切"

-¿Es culpa suya que sea tan feo?
"他这么丑是他的错吗？"

¿Es culpa suya que tenga tan poco ingenio?
"他这么缺乏智慧，这是他的错吗？"

"Él es amable y bueno, y eso es suficiente"
"他很善良，这就足够了"

"¿Por qué me negué a casarme con él?"
"我为什么拒绝嫁给他？"

"Debería estar feliz con el monstruo"
"我应该对怪物感到高兴"

"Mira los maridos de mis hermanas"
"看看我姐姐们的丈夫"

"ni el ingenio ni la belleza los hacen buenos"
"机智和英俊都不能使他们变得优秀"

"Ninguno de sus maridos las hace felices"
"她们的丈夫都没有让她们幸福"

"pero virtud, dulzura de carácter y paciencia"
"而是美德、温和的脾气和耐心"

"Estas cosas hacen feliz a una mujer"
"这些东西让女人感到幸福"

"y la bestia tiene todas estas valiosas cualidades"
"而野兽拥有所有这些宝贵的品质"

"Es cierto; no siento la ternura del afecto por él"
"是的，我对他没有一丝感情。"

"Pero encuentro que tengo la más alta gratitud por él"
"但我对他怀有最崇高的感激之情"

"y tengo por él la más alta estima"
"我非常尊重他"

"y él es mi mejor amigo"
"他是我最好的朋友"

"No lo haré miserable"
"我不会让他痛苦"

"Si fuera tan desagradecido nunca me lo perdonaría"
"如果我如此忘恩负义，我永远不会原谅自己"

Bella puso su anillo sobre la mesa.
美女把戒指放在桌子上
y ella se fue a la cama otra vez
然后她又去睡觉了
Apenas estaba en la cama cuando se quedó dormida.
她刚上床就睡着了
Ella se despertó de nuevo a la mañana siguiente.
第二天早上她又醒了
Y ella estaba muy contenta de encontrarse en el palacio de la bestia.
她欣喜若狂地发现自己身处野兽的宫殿
Ella se puso uno de sus vestidos más bonitos para complacerlo.
她穿上了她最漂亮的衣服来取悦他
y ella esperó pacientemente la tarde
她耐心地等待着夜晚
llegó la hora deseada
到了盼望的时刻
El reloj dio las nueve, pero ninguna bestia apareció
时钟敲响九点,却没有野兽出现
Bella entonces temió haber sido la causa de su muerte.
美女当时担心她是导致他死亡的原因
Ella corrió llorando por todo el palacio.
她哭着跑遍了宫殿
Después de haberlo buscado por todas partes, recordó su sueño.
在到处寻找他之后,她想起了自己的梦
y ella corrió hacia el canal en el jardín
她跑到花园里的运河
Allí encontró a la pobre bestia tendida.
她发现可怜的动物躺在那里
y estaba segura de que lo había matado
她确信自己已经杀死了他
Ella se arrojó sobre él sin ningún temor.

她毫无畏惧地扑向他
Su corazón todavía latía
他的心脏仍在跳动
Ella fue a buscar un poco de agua al canal.
她从运河里取了一些水
y derramó el agua sobre su cabeza
她把水倒在他头上
La bestia abrió los ojos y le habló a Bella.
野兽睁开眼睛,对美丽说话
"Olvidaste tu promesa"
"你忘了你的承诺"
"Me rompió el corazón haberte perdido"
"失去你让我很伤心"
"Resolví morirme de hambre"
"我决定饿死自己"
"pero tengo la felicidad de verte una vez más"
"但我很高兴再次见到你"
"Así tengo el placer de morir satisfecho"
"所以我很开心能心满意足地死去"
"No, querida bestia", dijo Bella, "no debes morir".
"不,亲爱的野兽," 美女说, "你不能死。"
"Vive para ser mi marido"
"活着做我的丈夫"
"Desde este momento te doy mi mano"
"从这一刻起,我将我的手交给你"
"Y juro no ser nadie más que tuyo"
"我发誓我只属于你"
"¡Ay! Creí que sólo tenía una amistad para ti"
"唉!我以为我对你只有友谊。"
"Pero el dolor que ahora siento me convence;"
"但我现在感受到的悲伤让我相信了这一点;"
"No puedo vivir sin ti"
"我不能没有你"
Bella apenas había dicho estas palabras cuando vio una luz.

美女刚说完这些话,就看见一道光

El palacio brillaba con luz
宫殿里灯火辉煌

Los fuegos artificiales iluminaron el cielo
烟花照亮了天空

y el aire se llenó de música
空气中充满着音乐

Todo daba aviso de algún gran acontecimiento
一切都预示着某件大事

Pero nada podía captar su atención.
但没有什么能吸引她的注意力

Ella se volvió hacia su querida bestia.
她转向她亲爱的野兽

La bestia por la que ella temblaba de miedo
她害怕的野兽

¡Pero su sorpresa fue grande por lo que vio!
但她所看到的景象让她更加惊讶!

La bestia había desaparecido
野兽消失了

En cambio, vio al príncipe más encantador.
她看到的却是最可爱的王子

Ella había puesto fin al hechizo.
她已经结束了咒语

Un hechizo bajo el cual se parecía a una bestia.
咒语使他变得像野兽一样

Este príncipe era digno de toda su atención.
这位王子值得她全心全意关注

Pero no pudo evitar preguntar dónde estaba la bestia.
但她忍不住问那只野兽在哪里

"Lo ves a tus pies", dijo el príncipe.
王子说:"你看他就在你的脚下。"

"Un hada malvada me había condenado"
"一个邪恶的仙女判了我死刑"

"Debía permanecer en esa forma hasta que una hermosa

princesa aceptara casarse conmigo"
"我将保持这个样子，直到一位美丽的公主同意嫁给我"

"El hada ocultó mi entendimiento"
"仙女隐藏了我的理解"

"Fuiste el único lo suficientemente generoso como para quedar encantado con la bondad de mi temperamento"
"你是唯一一个如此慷慨的人，被我的善良脾气所吸引"

Bella quedó felizmente sorprendida
美女惊喜不已

Y le dio la mano al príncipe encantador.
她向迷人的王子伸出了手

Entraron juntos al castillo
他们一起进了城堡

Y Bella se alegró mucho al encontrar a su padre en el castillo.
美女在城堡里找到父亲，欣喜若狂

y toda su familia estaba allí también
她的家人也在场

Incluso Bella dama que apareció en su sueño estaba allí.
就连梦中出现的那位美人也在场

"Belleza", dijo la dama del sueño.
"美女，"梦中的女士说

"ven y recibe tu recompensa"
"来领取你的奖励"

"Has preferido la virtud al ingenio o la apariencia"
"你更看重美德，而不是智慧或外表"

"Y tú mereces a alguien en quien se unan estas cualidades"
"你值得拥有这些品质的人"

"vas a ser una gran reina"
"你将会成为一位伟大的女王"

"Espero que el trono no disminuya vuestra virtud"
"我希望王位不会贬低你的美德"

Entonces el hada se volvió hacia las dos hermanas.

然后仙女转向两个姐妹

"He visto dentro de vuestros corazones"
"我看透了你们的内心"

"Y sé toda la malicia que contienen vuestros corazones"
"我知道你们心中充满的恶意"

"Ustedes dos se convertirán en estatuas"
"你们两个会变成雕像的"

"pero mantendréis vuestras mentes"
"但你们要保持头脑清醒"

"estarás a las puertas del palacio de tu hermana"
"你应该站在你姐姐的宫殿门口"

"La felicidad de tu hermana será tu castigo"
"你妹妹的幸福就是你的惩罚"

"No podréis volver a vuestros antiguos estados"
"你将无法回到以前的状态"

"A menos que ambos admitan sus errores"
"除非你们双方都承认自己的错误"

"Pero preveo que siempre permaneceréis como estatuas"
"但我预见到你们将永远是雕像"

"El orgullo, la ira, la gula y la ociosidad a veces se vencen"
"骄傲、愤怒、暴食和懒惰有时会被征服"

" pero la conversión de las mentes envidiosas y maliciosas son milagros"
"但嫉妒和恶意的心灵的转变是奇迹"

Inmediatamente el hada dio un golpe con su varita.
仙女立刻挥动魔杖

Y en un momento todos los que estaban en el salón fueron transportados.
一瞬间,大厅里的所有人都被迷住了

Habían entrado en los dominios del príncipe.
他们进入了王子的领地

Los súbditos del príncipe lo recibieron con alegría.
王子的臣民们热烈欢迎他

El sacerdote casó a Bella y la bestia

牧师为美女和野兽举行了婚礼
y vivió con ella muchos años
他和她一起生活了很多年
y su felicidad era completa
他们非常幸福
porque su felicidad estaba fundada en la virtud
因为他们的幸福建立在美德之上

El fin
结束

www.tranzlaty.com

www.ingramcontent.com/pod-product-compliance
Lightning Source LLC
Chambersburg PA
CBHW011553070526
44585CB00023B/2587